JONÁS Y EL PEZ GIGANTE

· ESCRITO POR ·
Tim Thornborough

· ILUSTRADO POR ·
Jennifer Davison

PATMOS

Hay tantas y tantas palabras en el mundo. Y algunas de ellas pueden significar lo mismo, o casi lo mismo.

Este es un libro sobre un profeta malhumorado, quien aprende algo muy importante acerca de Dios. Usa muchas palabras que significan lo mismo o cosas similares.

¿Tal vez puedes pensar en otras palabras que añadir?

¡Espero que te guste, que lo ames, lo saborees y adores leyéndolo...!

Palabras por Tim Thornborough. Ilustraciones por Jennifer Davison. Diseño por André Parker
Publicado originalmente en inglés por The Good Book Company con el título "Jonah and the Very Big Fish" © Tim Thornborough, 2019. www.thegoodbook.co.uk
ISBN: 978-1-64691-055-7. Impreso en India

Jonás era malhumorado.

ÉL GRUÑÍA

ÉL BUFABA

ÉL RESOPLABA

ÉL REFUNFUÑABA

Todo porque Dios le decía que fuera a Nínive.

Las personas de Nínive no solo eran malas...

ELLAS ERAN DESAGRADABLES, HORRIBLES, MALAS, CRUELES.

A ellos no les importaban las otras personas.

Ni tampoco Dios.

Pero a Dios sí le importaban ellos.

Así que le dijo a Jonás ve y dales un mensaje.

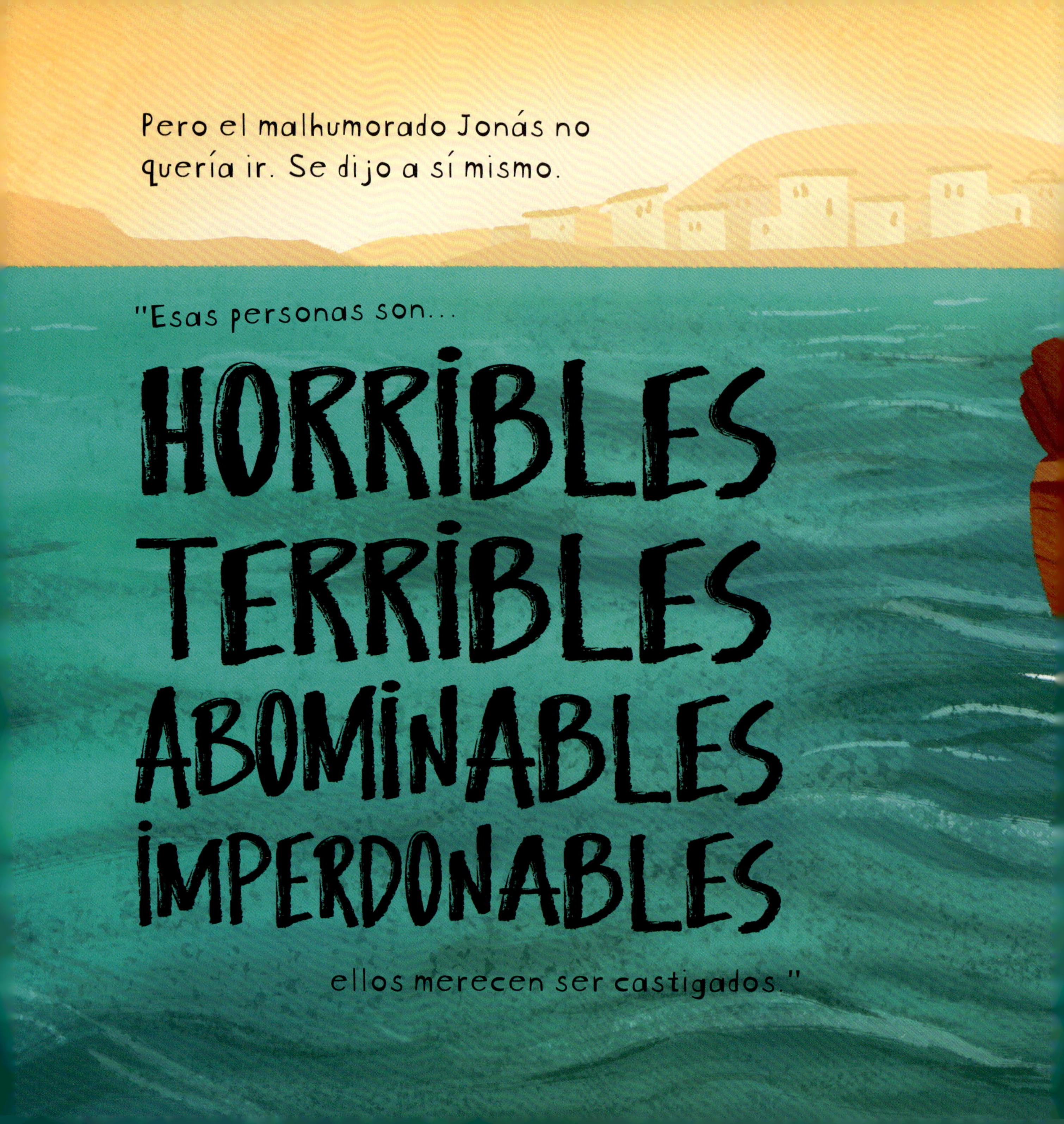

Pero el malhumorado Jonás no quería ir. Se dijo a sí mismo.

"Esas personas son...

HORRIBLES
TERRIBLES
ABOMINABLES
IMPERDONABLES

ellos merecen ser castigados."

Así que se trepó a un barco y navegó lejos, en dirección opuesta.

Mientras Jonás dormía, Dios envió un enorme y rugiente huracán.

Los navegantes estaban...

HORRORIZADOS
ATERRORIZADOS
PETRIFICADOS
TEMBLOROSOS

Así que despertaron a Jonás.

"Todo es mi culpa", dijo el malhumorado Jonás. "Mejor láncenme al océano."

Los navegantes no querían que Jonás se ahogara, pero ellos hicieron lo que les dijeron. Lanzaron a Jonás al rabioso mar.

De repente,
el mar quedó...

CALMADO
SILENCIOSO
QUIETO
PACÍFICO

Los navegantes estaban a salvo,
y dieron "gracias" a Dios.

Pero Dios aún no había terminado
con el malhumorado Jonás.

¡GULP!
¡BURP!
¡ÑAM ÑAM!
¡CHIQUICHAQUE!

¡Dios envió un pez gigante
que se lo tragó por completo!

Jonás estuvo sentado por tres días
completos en el estómago del pez.

Él se dio cuenta de lo equivocado que estaba. Y dijo: "He sido...

TONTO CABEZA HUECA ESTÚPIDO INSENSATO

¡Es Dios quien decide a quién salvar, no yo!

Dios escuchó su oración
y le habló al pez.

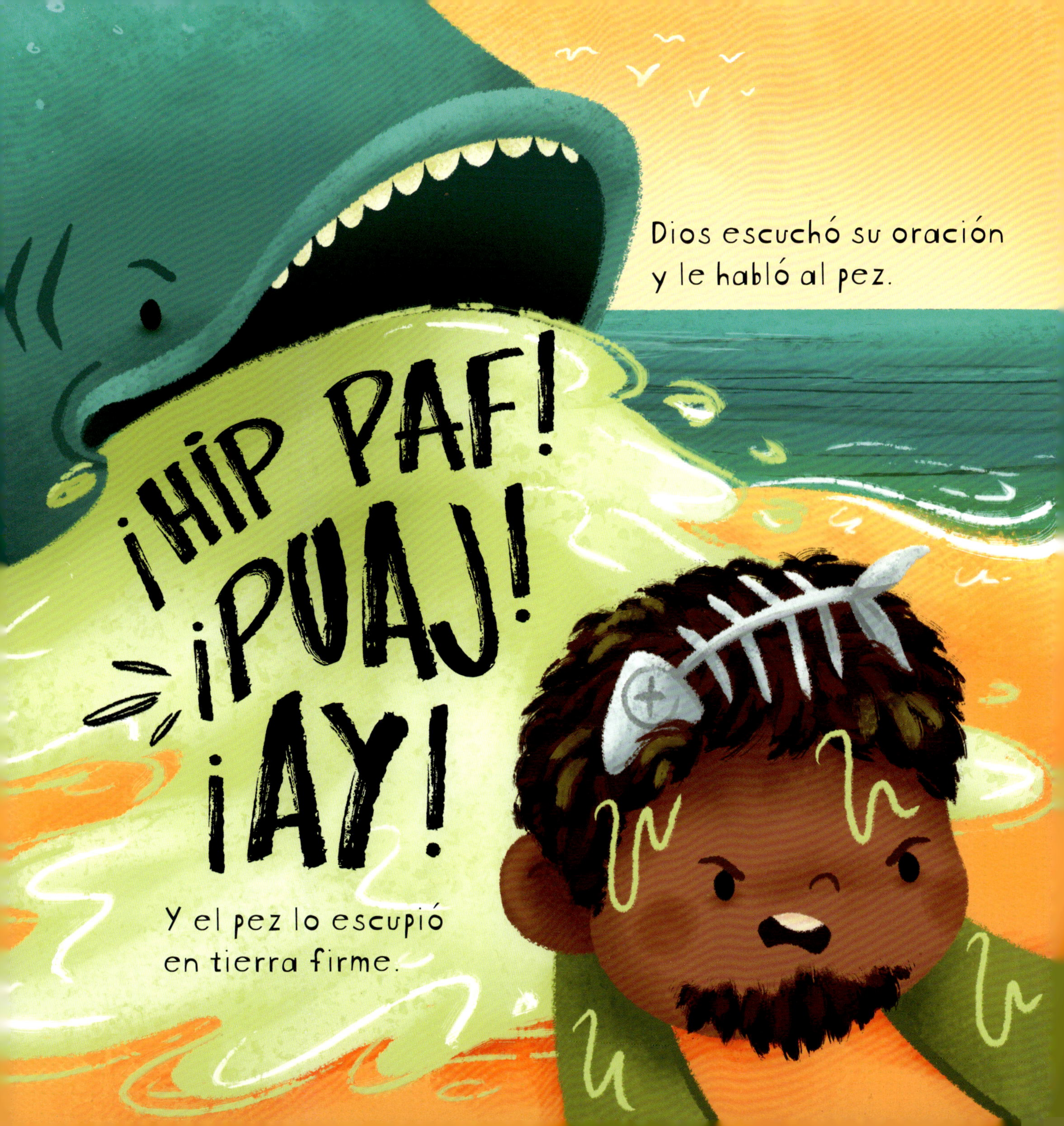

Y el pez lo escupió
en tierra firme.

Jonás fue a la gran ciudad de Nínive y entregó el mensaje de Dios.

"Dios ha visto cuán malos son ustedes. Y justo en **40** días serán destruidos."

Y las personas de Nínive...
ESCUCHARON.

Ellos estaban...

TRISTES

APENADOS

ARREPENTIDOS

PESAROSOS

El rey y todo el pueblo dijo: "Dejemos de ser...

DESAGRADABLES

HORRIBLES

MALOS

CRUELES

Hay que empezar intentando...

COMPLACER A DIOS

AMAR A DIOS

ORAR A DIOS

Y ser amables con cada uno. Esperemos que Dios tenga misericordia de nosotros."

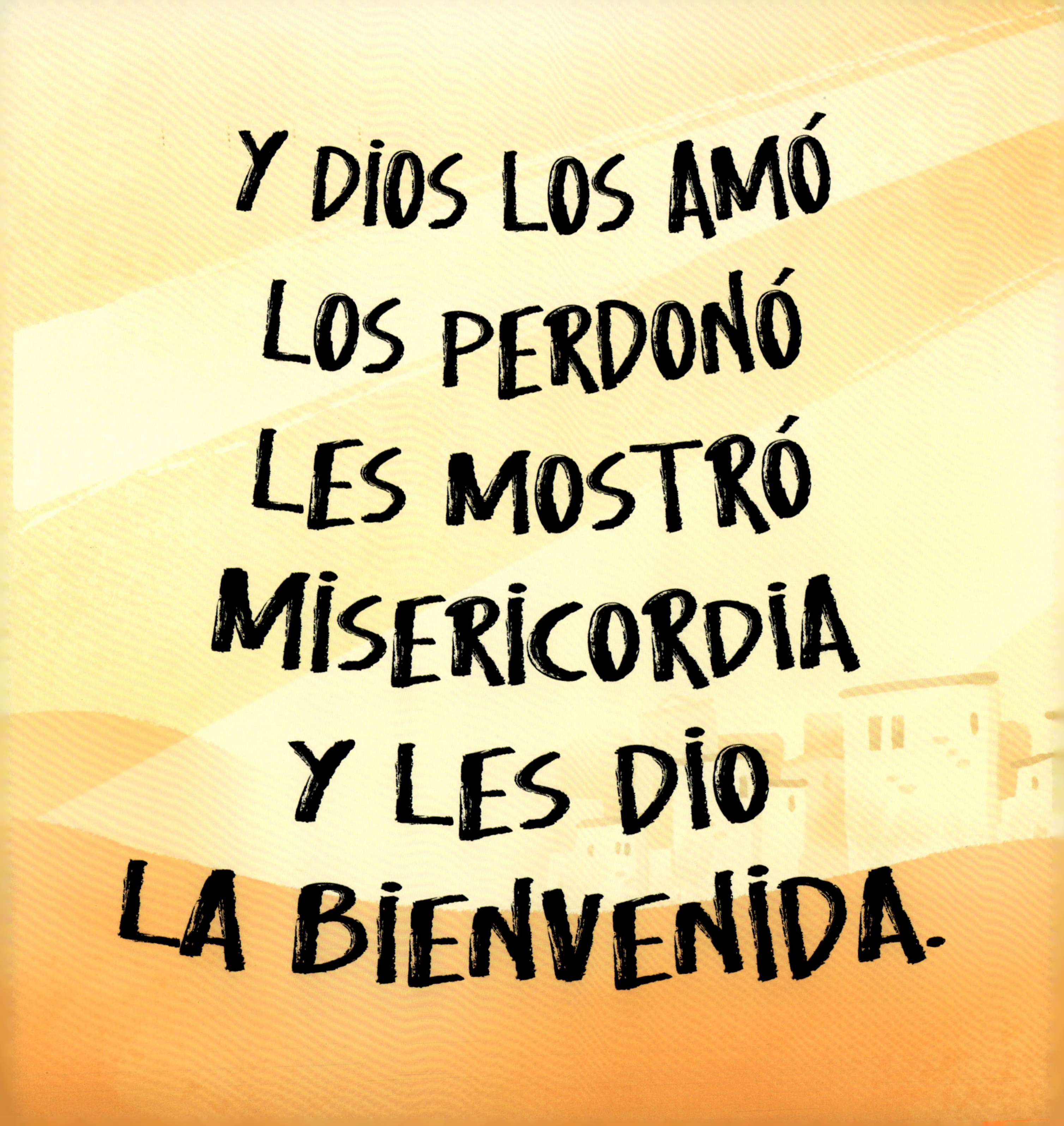

Y DIOS LOS AMÓ
LOS PERDONÓ
LES MOSTRÓ
MISERICORDIA
Y LES DIO
LA BIENVENIDA.

¿Pero qué pensó Jonás...?
Jonás estaba tan molesto con
Dios, por lo que...

SE ENFADÓ

SE QUEJÓ

SE ENOJÓ

SE ENFURECIÓ

"Yo sabía que los perdonarías", dijo.

"Eres un amable y amoroso Dios, siempre estás listo para perdonar a las personas que regresan a ti, ¡sin importar lo malos que hayan sido!"

Dios dijo:

"Tienes razón Jonás.

SOY AMABLE AMOROSO Y PERDONARÉ

A CUALQUIERA que venga a mí."

"¡INCLUSO PERSONAS MALHUMORADAS COMO TÚ!"